BIENHEUREUX

LES

PAUVRES D'ESPRIT.

PARIS. — IMPRIMÉ PAR PLON FRÈRES

RUE DE VAUGIRARD, 36.

BIENHEUREUX

LES

PAUVRES D'ESPRIT

DOCUMENT HISTORIQUE RESPECTUEUSEMENT OFFERT

A MESSIEURS LES REPRÉSENTANTS DU PEUPLE

A L'ASSEMBLÉE NATIONALE

ET DÉDIÉ

A TOUS LES SOUVERAINS ET A TOUS LES PEUPLES DE L'UNIVERS

PAR

MARTIN ETCHEVERRY.

Chose étrange ! on apprend la tempérance aux chiens
Et l'on ne peut l'apprendre aux hommes.
LA FONTAINE, liv. VIII, fab. VII.

PARIS

CHEZ TOUS LES MARCHANDS DE NOUVEAUTÉS

—

1849

A

MESSIEURS LES REPRÉSENTANTS DU PEUPLE

A L'ASSEMBLÉE NATIONALE.

———————

Paris, le 28 mai 1849.

MESSIEURS LES REPRÉSENTANTS,

Soyez les bienvenus au milieu de nos luttes politiques! Semblables aux disciples de Jésus-Christ
sur la barque près de sombrer, nous sommes des ci-
toyens dont l'esprit est troublé et dont la foi chan-
celle. Et, par surcroît, chaque jour, au foyer, entre
la poire et le fromage, nos femmes nous assomment de
questions tricolores, et exigent imperturbablement
une solution. C'est pourquoi nos bras s'élèvent vers
vous, messieurs les Représentants, et de toute l'é-

nergie de nos poumons, comme les apôtres épouvantés, nous crions en chœur : « Sauvez-nous, nous sommes…. perdus ! »

Ah ! fixez surtout nos opinions indécises sur la forme définitive du gouvernement. Mais, comme avant de vous occuper de la modification de la Constitution, vous voudrez, sans doute, étudier les divers systèmes de gouvernement chez les peuples civilisés et chez les sauvages, y compris les projets des réformateurs sociaux, nationaux, — je crois faire acte de patriotisme en vous offrant un document sur la matière. — C'est, pour ainsi dire, la silhouette d'un peuple dont j'ai étudié les mœurs. Ce peuple vit en république et a pour chef un roi, un vrai despote, littéralement amoureux de son peuple qui l'adore.

Cela dit comme introduction, je narre.

BEATI PAUPERES SPIRITU.

I.

Il est un peuple, aux mœurs simples, insoucieux des choses politiques, uniquement préoccupé du bienêtre, vivant sous un régime vraiment républicain, et réalisant, dès l'origine de sa formation, tous les systèmes politiques et sociaux considérés chez d'autres peuples comme des rêves et des paradoxes insensés. Là, chacun est riche, ou, si vous aimez mieux, tous les membres de la société sont pauvres, si c'est de la pauvreté que de s'entr'aimer pour le seul bonheur d'aimer, de chanter, de faire l'amour, et de peupler la famille, selon la doctrine d'Abraham, au delà de la quatrième génération. Sobre et modeste, ce peuple jouit des bienfaits que la Providence répand sur la terre, et ne se préoccupe nullement des causes ; les effets lui suffisent.

II.

Dans les temps primitifs, les nations, dans leur ignorance, se contentaient des dons de la nature et bénissaient la Providence. Lorsque les familles se groupèrent, leur but était de s'entr'aider dans une communauté de sympathies et de besoins ; mais bientôt les peuples se déclarèrent la guerre, et les plus forts s'imposèrent en maîtres. La fraternité née d'hier n'exista plus le lendemain ; toutefois, on en conserva le nom pour servir à l'histoire. C'est de la sorte que le peuple dont je me propose d'esquisser les mœurs fut conquis par une nation qui le soumit à un impôt exorbitant, lequel consistait en un contingent de membres dont le nombre, indéterminé dans le protocole, restait à l'arbitraire du vainqueur. — Le peuple soumis obtint à toujours, *in æternum et in secula,* que la nation dominatrice respecterait ses mœurs, sa constitution, son gouvernement, à la charge par le peuple conquis de fournir le contingent sus-expliqué, selon le bon plaisir du vainqueur.

III.

L'éducation de famille est le seul enseignement admis dans cette république. Nul n'est pédant ni sot, de par l'absence complète d'universités et d'académies. Le peuple n'a pas d'opinion politique. Il sait par instinct qu'un chef est indispensable à la communauté, laquelle n'est que le développement de la famille. — Nous sommes à jamais mineurs, disent-ils, et par conséquent il nous faut un tuteur, de même que nos enfants ont besoin de la tutelle du père : le roi sera donc le maître. Le maître doit avoir la volonté ; la volonté comprend l'intelligence, c'est-à-dire le sentiment de la justice ; cette intelligence est elle-même la force du pouvoir. Donc, la volonté sera le droit.

Toutefois, messieurs les Représentants, veuillez remarquer que ce peuple ne dit pas précisément cela, qu'il ne le pense peut-être pas ; ce serait un labeur inutile : c'est leur instinct qui les assouplit à une manière d'agir équivalente à ce raisonnement.

— Ce peuple fait de la logique en action; la né-
cessité d'un chef reconnue, il se garde bien de
faire des révolutions. — Combat de niais, dit in-
stinctivement le peuple. — Et pourquoi la guerre,
je vous demande? Pour que celui-là soit à la place
de celui-ci? Mais celui-là ne serait-il pas à son tour
le chef, le maître, dont la volonté plus ou moins dé-
guisée serait notre loi? Adonc, vive la paix! vive le
roi!

IV.

Il faut vous dire, messieurs les Représentants, que ce peuple si sage reconnaît pour roi le plus noble et le plus vaillant parmi les puissants de la république. Ces personnages font bien de l'opposition au roi et lui disputent quelquefois le pouvoir ; il arrive même que le roi est défié en combat singulier ; mais l'état social n'est point troublé ; le peuple laisse faire, et à l'issue du combat, le vainqueur est proclamé roi. Et puis la vie continue, le peuple jouit d'une paix profonde, se livrant aux joies saintes de la famille qui se fait chaque jour plus nombreuse.

M'est avis qu'il a bien raison, ce peuple. Car je suppose qu'un peuple renverse un pouvoir pour être gouverné par d'autres principes : ceux-ci bien établis, bien rédigés, vigoureusement proclamés, ce peuple n'est-il pas encore le peuple comme ci-devant ? Qu'a-t-il gagné à ce changement, à cette guerre civile ? Quelques phrases sonores et pas un sou de plus. Mais, en revanche, dans chaque foyer on pleure la perte d'un père, d'une épouse, d'une sœur, d'un ami, d'un œil, d'un bras, d'un pied, d'un cheval, d'un champ, d'une maison, d'une fortune. Alors, vous le savez, les chefs de parti de rire, cachés sous le rideau, tout en prodiguant ces phrases sonores au peuple qui se laisse faire et refaire.

Heureusement que le peuple dont je m'occupe n'est pas savant. — Pas si bête! — Son savoir en politique est borné; mais, ce qu'il connaît, il le sait bien. Je peux vous dire en deux mots ce qu'il pense, bien que sa logique soit un peu grognonne : S'il est des prétendants, qu'ils s'arrangent entre eux et avec le roi, dit le peuple; ça les intéresse, mais ça ne nous regarde pas. Nous sommes le peuple, la communauté, le pupille, donc nous ne sommes pas le tuteur, le chef, le roi, le souverain. — Fameuse aubaine, par exemple, que d'avoir le petit sobriquet de souverain. Vous m'appelleriez souverain, d'accord! Mais serais-je moins le peuple? En vain, avec tout l'esprit du monde, me diriez-vous que le peuple c'est l'ensemble des individus composant la communauté, la société; que ce peuple a une volonté, laquelle est souveraine; je suis peuple, vous répondrais-je, et grand merci de vos titres! Car, la volonté du peuple, où diable la prenez-vous? Est-ce que la masse n'est pas à la merci des habiles qui la mènent? qui peuvent impunément lui faire croire que noir c'est blanc? Est-ce que nous pouvons traiter les questions de gouvernement, dans l'ignorance où nous sommes des choses politiques? Alors même que nous serions doués des lumières de la science, nous entendrions-nous dans nos opinions? Nous comprenons qu'il faut obéir au roi, à la loi. Par ainsi, à tout seigneur tout honneur! Vive la paix! et vive le roi!

V.

Sauf votre avis, messieurs les Représentants, il y a du bon dans l'argumentation de ce bon peuple. Il me semble, en effet, que, parmi les hommes qui s'occupent spécialement de sciences, chez ceux-là surtout qui s'adonnent exclusivement à la politique, on remarque déjà un trop grand nombre de pédants et d'ambitieux. Que deviendrait un État si tous ses membres, depuis le cordonnier envieux jusqu'au coutelier repasseur de couteaux, ciseaux et rasoirs, se mêlaient de science et tranchaient, comme le savetier le cuir, les questions politiques? si l'ouvrier maçon voulait bâtir un gouvernement? Vous qui savez tout, messieurs les Représentants, illustres législateurs de notre belle patrie, comme on dit, gouvernants et hommes d'État de ce pays reconnu pour être le centre de la civilisation et des beaux-arts, et le cerveau du monde, vous reconnaissez que, pour approfondir une science, la plus longue existence ne suffit pas toujours à l'homme doué des facultés les plus heureuses et placé dans une excellente condition. La masse du peuple, occupée à ses travaux divers, a-t-elle les loisirs indispensables à l'étude sérieuse des sciences? Non, sans doute. Est-ce que, pour se livrer fructueusement à l'étude des sciences, il ne faut pas une aptitude particulière, une haleine intellectuelle, dont la masse est déshéritée? — Mais, oui, certes! — Ne faut-il pas encore une initiation qu'on n'obtient que dans une position fortunée? —

La connaissance la plus difficile à acquérir est celle des hommes; qui met cela en doute? Cette connaissance est elle-même l'initiation nécessaire à l'étude de la politique. La science politique embrasse la législation, l'histoire, la philosophie, le commerce, l'industrie, l'agriculture, les arts; que sais-je, et que dirai-je? — Elle embrasse tout, parbleu! Tout! N'est-ce pas là un fruit défendu à la foule? Pourquoi donc exciter la foule à toucher à ce fruit? — Parce qu'il est défendu, peut-être.

— Quoi! pour être maçon, cordonnier, coutelier, etc., je devrai faire un long apprentissage, me perfectionner dans le métier, et, chaque jour, reconnaître que j'ai encore à acquérir, et je ne traiterais pas d'impertinent le sot qui, parce qu'il a deux mains, voudra se dire ouvrier maçon, par exemple, sans avoir travaillé sérieusement et longtemps ! — Le sot qui, parce qu'il a l'instrument de la pensée et qu'il sait lire, voudra se dire homme d'État, sans avoir fait de sérieuses études, sans prouver ses connaissances ?—Celui-ci, je ne l'appellerais pas citoyen bavard? — Celui-là, gâcheur?

N'aurais-je pas ce droit, messieurs les Représentants?

VI.

A chacun son métier, et tout ira bien : c'est la devise du bon peuple.

Le cordonnier fera des souliers, l'homme d'État traitera les questions politiques, l'homme d'expérience concourra à la formation des lois.

De ce que je suis un homme du peuple, il ne résulte pas que je sois absolument et nécessairement inepte ; mais parce que je suis un homme du peuple, je ne suis pas, par cela même, un profond politique, un homme d'expérience, un légiste, un historien, un homme érudit.

Je vois une belle galerie de tableaux ; j'ai un sentiment de l'harmonie des couleurs, je crois avoir un bon goût, mais je n'ai pas cultivé l'art de la peinture, je ne l'ai pas pratiqué pour être peintre, ni étudié pour être critique. Homme du peuple, avec le seul instinct pour guide, ceci me plaît, ceci me déplaît, pourrai-je dire ; mais je n'aurai pas le droit de juger, de décider ce qui est bien, ce qui est mal. Mon voisin est d'un sentiment contraire, il est aussi ignorant que moi. Que ferons-nous tous deux? Nous attendrons le jugement des artistes.

Ce que nous ferions au Louvre, nous le ferions à l'Opéra. Nous agirions sagement pour les arts. Le bon sens nous permettrait-il de n'avoir pas la même sagesse dans l'appréciation des choses politiques?

Lorsqu'une intelligence se révèle dans le peuple, elle fait aussitôt partie des créatures d'élite. — J'en suis fâché pour l'Égalité, mais cela est ainsi. On a beau s'évertuer à prouver que cette intelligence est du peuple et torturer le bon sens, on aboutit à soutenir une absurdité.

Vous qui parlez si fort du peuple, dites-moi, Messeigneurs, est-ce que tout n'émane pas du peuple? Fouillez dans la tradition, suivez la filière de toute famille puissante, d'une grande renommée, et vous arriverez au peuple d'où tout s'épand dans la société.

VII.

Ou je m'abuse singulièrement, ou le bon peuple dont je fais l'apologie est véritablement sage.

Si, dans cette République, d'habiles meneurs venaient lui débiter des phrases et lui offrir des programmes, son instinct lui ferait pressentir qu'il y a de l'ambition personnelle là-dessous, et quant à de la fraternité... nenni, point.

Ces chefs de parti, ces orateurs, ces tribuns qui font ostentation de leurs sympathies pour moi, dirait le peuple, qui sont-ils après tout? Celui-ci est savant, celui-là est habile, le troisième est un grand orateur, celui-ci est un écrivain célèbre.

Ils *sortent* du peuple; oui dà, ils en sortent par le fait de leurs nobles aptitudes, par leur intelligence; mais à moins de s'annihiler, ils ne peuvent plus être peuple, quoi qu'ils disent en leurs programmes; les programmes eux-mêmes en sont la preuve.

Et le peuple? — C'est toujours le peuple.

Ce bon peuple! On tenterait inutilement de le

révolutionner. Ce serait peine perdue que de lui dire :
Lève-toi ! Voici le jour de délivrance ! Crie : Vive
la réforme ! A bas celui-ci ! A bas celui-là !...

Le bon peuple sourirait comme une huitième béatitude, et répondrait tranquillement à l'orateur époumonée : La réforme ? mon prince , on n'en fait pas dans la rue. Vous dites à bas ! Et moi je dis vive ! Il y a place pour tous. Vivez vous-même, et prenez de l'eau sucrée.

Que cette dernière pensée est humaine !

De tout quoi j'infère que le peuple dont je vante le gouvernement est doué d'un instinct qui le conduit — ligne droite — à la sagesse et au bonheur. Ce qui, par le temps présent, n'est point à dédaigner.

VIII.

Mais je suppose...... une impossibilité, — n'importe, je suppose que ce bon peuple eût la fantaisie, l'espièglerie de se croire profond politique, grand philosophe, penseur éminent, historien érudit ; — qu'en résulterait-il pour la République ? — Mais c'est impossible, répondrez-vous, messieurs les Représentants.

— Sans doute, repartirai-je ; mais enfin, si une telle aberration pouvait s'emparer de l'esprit d'un peuple jusque-là si sage, si vertueux, encore une fois, qu'adviendrait-il ?

— Dam !...

—Selon moi, voici : Le peuple murmurerait contre l'esclavage. Des clubs, foyers d'incendie, se formeraient bientôt au sein de cette société naguère si tranquille, si heureuse dans sa simplicité. Des tribuns harangueraient les masses, à bons renforts de poumons, et avec des gestes imités des statues antiques dont ils feraient la charge jusqu'à l'absurde inclusivement.

— Qui sommes-nous? dirait l'un de ces tribuns... où sommes-nous?... que voulons-nous?...

Qui nous sommes? — Des esclaves! (Salve d'applaudissements.)

Où sommes-nous? — Dans l'esclavage!! (Deux salves d'applaudissements.)

Ce que nous voulons? — La liberté!!! (Tonnerre d'applaudissements.)

L'orateur reprend : La liberté! l'égalité... (*en s'égosillant et ouvrant ses deux bras*) et la fraternité!!!

(L'enthousiasme est à son comble. La séance reste suspendue pendant vingt minutes. L'orateur, en descendant de la tribune, reçoit des poignées de main nombreuses et ne peut essuyer son noble front, d'où la sueur ruisselle.)

Un poëte demanderait la parole. Vu son titre de fils aîné de Dieu, il s'écrierait :

> Vive la liberté!
> Qu'autour de nous tout se rallie!
> Écrasons l'égoïsme impie!
> Fraternité! fraternité!!!

Et puis, comme autrefois la première famille, ce peuple rougirait de sa position. Tout lui paraîtrait entaché de misère, d'esclavage, d'injustice, de privilége, de monopole... Il demanderait :

LE DROIT DE TRAVAILLER.

> — Paresseux, vous l'avez ce droit; mais vous ambitionnez celui de vivre en artiste flâneur.

LE DROIT DE VIVRE.

> —Vous vivez, puisque vous voilà, et que vous m'assourdissez.

LE DROIT D'ÊTRE HEUREUX.

> —Travaillez, mon ami, et soyez économe; ou bien, allez dans la lune ou à Charenton.

Et, de propos en propos, ce peuple si bon, désormais détourné de son instinct si sage par la pompe de gros mots des tribuns, ce peuple voudrait tout renverser, tout détruire, tout immoler à la satisfaction des passions qu'auraient éveillées en lui ces meneurs habiles qui, sur les débris des objets sacrés qui constituent une société réglée, seraient les premiers à enchaîner le peuple à une existence de misère au nom de la liberté, de l'égalité et de la fraternité. Les tribuns seraient maîtres de la position ; mais les nations voisines pourraient bien se coaliser et fondre sur ce peuple, s'emparer, tantôt des cadets de famille, tantôt des premiers-nés, se saisir des épouses, et, chose horrible à penser ! des jeunes créatures du sexe, des vierges, qui seraient martyres ! ! !

Oui, heureux ceux qui ignorent ! On trouve peu de bonheur sous les rameaux de l'arbre de la science. Le peuple dont je parle n'est heureux que parce qu'il est pauvre d'esprit..... Heureux les simples !

IX.

Le chef de cette république modèle est un roi littéralement adoré du peuple, je l'ai déjà dit. Je veux essayer d'achever son portrait.

La Perse est son climat primitif.

Le roi a du feu dans le regard, et à sa démarche fière, à ses mouvements nobles, on reconnaît tout d'abord le maître. Il a toutes les proportions qui annoncent la force ; jamais il ne change de costume : c'est un justaucorps soyeux, bariolé, à la manière des Persans, de couleurs vives dont l'harmonie séduit. Il porte sur son front une couronne couleur de feu et deux hausse-cols de même couleur sous son menton. Grave et lente, sa démarche rappelle ces grands penseurs de l'antiquité que les Tacite de l'histoire dépeignent en style sublime. Le poids de la couronne et l'embarras des éperons, qui ne l'abandonnent jamais, rendent un peu pesantes les allures de l'auguste personnage.

On remarque en lui deux natures bien distinctes : c'est d'abord un vaillant capitaine, un roi, un despote ; ensuite, c'est un père de famille, un tuteur, un sage. — Unissez ces deux natures, et vous formerez le type réel de l'individu.

X.

Messieurs les Représentants, il n'est pas de gouvernement qui offre autant d'attraits que celui de ce roi. Chef d'une république décimée par la nation dominatrice qui s'approprie généralement l'espèce mâle, il règne sur un peuple presque entièrement composé de mères de famille et de tendres vierges. Aussi, semblable aux rois de la chevalerie, il chante à toute heure, sa vie est un assaut permanent de galanterie et son administration un gouvernement de cœurs. La république, on le comprend, ressemble à un sérail, avec cette différence que l'empereur des Turcs a des épouses et des concubines, tandis que le roi en question n'a que des maîtresses. Il les honore toutes ; toutes sont également reines aujourd'hui ou demain, bien qu'il ait de galantes préférences pour les brunes, qui, parmi ce peuple, sont plus fécondes que leurs compagnes — ce dit-on.

En ses repas, le roi est d'une sobriété extrême. On

sait qu'il chante à toute heure, et, comme il ne boit
jamais de vin, c'est à l'occasion de sa sobriété, de
son chant et de son amour que l'on dit d'un ga-
lant, en tous pays : *Il fait l'amour et boit de l'eau
fraîche*. La sobriété du roi surpasse celle des premiers patriarches. C'est dans la terre qu'il cherche,
comme Cincinnatus, les aliments nécessaires à sa vie
animale. Il boit l'eau avec tant de plaisir qu'il l'ab-
sorbe lentement, lentement, gouttelette par gouttelette, l'œil fermé, la tête penchée comme un saint en
extase.....

Le roi est très-amoureux, mais il est jaloux comme
un diable! Hâtons-nous de dire que ce sentiment ne
l'irrite que contre ses concurrents. Lorsqu'il reconnaît un rival — et il ne s'agit de rien moins que de
la défense du trône — il accourt, l'œil en feu, les
habits en désordre, les cheveux hérissés et se jette
sur le prétendant : un combat acharné s'engage,
lutte opiniâtre qui ne cesse que lorsque l'un des deux
combattants succombe. Quoique très-jaloux, le roi
ne maltraite jamais ses maîtresses : il est trop fier,
son amour est trop profond pour ne pas reconnaître
que ces objets bien-aimés de son cœur ont la toute-

puissance de la séduction, et le roi se plaît à honorer ce charmant privilége.

Souvent le roi passe ses nuits debout, les jambes croisées, la tête penchée sur une épaule, afin de veiller sur son peuple, pour qui sa sollicitude amoureuse est infinie !

XI.

Messieurs les Représentants, si vous vous intéressez à ce peuple ;

Si vous estimez ce roi ;

Si vous voulez approfondir ce système de gouvernement à la fois républicain et despotique,

Profitez d'un loisir, allez à Pontoise, entrez dans une basse-cour.....

Et voyez le poulailler.

XII.

Daignez agréer, messieurs les Représentants, l'hommage de mon profond respect.

MARTIN ETCHEVERRY.

FIN.